GUÍA DE LECTURA

Escrita por Raphaëlle O'Brien
Traducida por Laura Bernal Martín

Calígula

de Albert Camus

Entiende fácilmente la literatura con

ResumenExpress.com

www.resumenexpress.com

ALBERT CAMUS

ESCRITOR, DRAMATURGO, ENSAYISTA Y FILÓSOFO FRANCÉS

- **Nacido en 1913 en Mondovi (Argelia)**
- **Fallecido en 1960 en Villeblevin (Francia)**
- **Algunas de sus obras:**
  - *El extranjero* (1942), novela
  - *El mito de Sísifo* (1942), ensayo
  - *La peste* (1947), novela

Albert Camus (1913-1960), Premio Nobel de Literatura francés nacido en Argelia, es uno de los escritores más importantes del siglo XX. Intelectual profundamente comprometido, filósofo, periodista, dramaturgo y novelista, fue y es conocido por su reflexión sobre el absurdo, que en él toma una expresión crítica, sensible y humana.

Muy admirado, en ocasiones criticado, Camus se hizo eco en todo el mundo gracias a su novela *La Peste* (1947) y, sobre todo, a *El extranjero* (1942). Falleció en 1960 en un accidente de tráfico.

CALÍGULA

CALÍGULA O EL ABSURDO DE LA VIDA

- **Género**: teatro del absurdo
- **Edición de referencia**: Camus, Albert. 1994. *Calígula*. Traducido por Aurora Bernárdez. Madrid: Alianza Editorial
- **Primera edición**: 1944
- **Temáticas**: absurdo, poder, búsqueda de lo imposible, destrucción, muerte, cobardía

Calígula, publicada en 1944 pero escrita en 1938, se representó por primera vez en 1945 en el teatro Hébertot de París. Se trata de una obra destinada a poner de manifiesto la filosofía del absurdo de Camus.

Calígula, otrora emperador perfecto, escrupuloso y razonable, pierde a su amada hermana y descubre que «los hombres mueren y no son felices» (Camus 1994, acto I, escena IV), es decir, que la vida a la que todos nos aferramos no tiene sentido. Abandonando toda norma, intenta lograr lo imposible, algo que no pertenece a este mundo. Para incitar a los hombres a que se libren de las mentiras sobre las que basan su existencia, se comporta a imagen y semejanza de los dioses: es insensible, inmoral y cruel.

RESUMEN

Esta obra de teatro en cuatro actos narra cómo, tras la muerte de su amante, el emperador Calígula se da cuenta de que el mundo tal y como es ya no le satisface. Por tanto, decide ir en busca de lo imposible a la manera de un dios (la luna, la felicidad, la inmortalidad, etc.), y para lograrlo toma una serie de medidas absurdas que le conducirán a su propio fin.

EL ANUNCIO DE UNA GRAN REBELIÓN

Los patricios (los que pertenecen, por nacimiento, a la clase social más alta) romanos están conmocionados: el emperador Calígula ha abandonado Roma tras la muerte de Drusila, su amante. Planean reemplazarlo, pero un guardia anuncia que Calígula se encuentra en el jardín del palacio. Hasta ese momento, había intentado ser un buen emperador, pero la muerte de su amante transforma su forma de ver las cosas.

Calígula habla con su fiel criado, Helicón. Ahora es consciente de que «los hombres mueren y no son felices» (Camus 1994, acto I, escena IV). Por eso quiere que la gente abra los ojos, y le suplica ayuda a Helicón, antes de ser eclipsado por la llegada de su amigo Escipión padre y de Cesonia, presentada como «la vieja querida» (Camus 1994, acto I, escena VI).

Interrogan a Helicón, que afirma no saber dónde está Calígula al tiempo que añade que el emperador es un idealista. Después se pierden en conjeturas sobre Calígula. Este aparece, y declara que va a «revolucionar la economía política en dos fases» (Camus 1994, acto I, escena VII) junto a su intendente, con la condición de que los demás se vayan. El intendente informa que los romanos más ricos deberán testar a favor del Estado y que estos serán posteriormente ejecutados, siguiendo una lista arbitraria.

Escipión padre y Cesonia están aterrados, pero Calígula les explica que se trata de una medida pedagógica. Habla con Cesonia de la repulsión que siente hacia la vida y de su proyecto: organizar «una fiesta sin medida, [...] un proceso general» (Camus 1994, acto I, escena XI). Con un aspecto demencial que aterroriza a todos los que llegan, el emperador presiona a Cesonia para que le ayude.

Calígula rechaza a todo aquel que quiere acercársele: al intelectual Quereas porque detesta a los literatos, a Escipión padre porque detesta la amistad.

EL DESEO DE REBELIÓN

Han transcurrido tres años, y Calígula abruma a los patricios con sus caprichos. Estos quieren rebelarse, pero Quereas les disuade, pues el pueblo aún está a favor del emperador y no es el momento de pasar a la acción.

Se organiza un banquete en el que Calígula humilla a los patricios allí presentes. El emperador acaba apartándose con la mujer de uno de ellos, Mucio, para más tarde regresar y devolvérsela a su marido.

El emperador está escribiendo un tratado que se llamará *La espada* e impone una nueva medida: ordena a su intendente que cierre todos los graneros para provocar una hambruna, y después elige a unos cuantos patricios con los que hablar sobre la organización de su casa de prostitución. Además, decide instalar la Orden del Héroe Cívico para recompensar a sus mejores clientes. Más tarde, cuando ve a un patricio beber, decreta que se trata de un contraveneno, por lo que le envenena y se marcha.

Mientras sacan el cuerpo bajo órdenes de Cesonia, Lépido y Quereas deciden que es hora de pasar a la acción y de no dejar que sigan decidiendo por ellos.

Cesonia intercepta al joven Escipión, que afirma querer matar a Calígula, ya que este ha asesinado a su padre. Ella responde que tiene que intentar comprender a Calígula. Helicón le dice a Escipión, que le había pedido ayuda, que Calígula no vería con malos ojos que el joven le asesinara.

Escipión, apasionado por la poesía, le recita sus últimos versos a Calígula. Éste se muestra en un primer momento fascinado, pero acaba burlándose de él. Escipión se da cuenta de que Calígula está inundado de soledad, pero el emperador lo niega. Escipión le pregunta qué es lo que le ayuda a continuar: el desprecio, responde Calígula.

EL DESCUBRIMIENTO DE LA CONJURA

Los patricios asisten a una representación teatral en la que Cesonia hace que le reciten plegarias a Calígula, disfrazado de Venus. Después les expulsa y todos obedecen, excepto Escipión.

El joven le reprocha a Calígula haber blasfemado, pero el emperador le dice que él mismo es el destino: «He adoptado el rostro estúpido e incomprensible de los dioses» (Camus 1994, acto III, escena II). Escipión le advierte de que «legiones de dioses humanos» (Camus 1994, acto III, escena II) se alzarán contra él. Calígula dice que sueña con ese momento.

Helicón intenta informar a su amo de la conspiración avivada por Quereas, pero Calígula ya lo sabe. Lo que más quiere es que Helicón le busque la luna.

Calígula manda buscar a Quereas, pero no sabe cómo comportarse. Cuando están frente a frente, ambos hombres exponen su visión opuesta del concepto de la existencia. Quereas admite que quiere acabar con Calígula, pues le considera perjudicial, y el emperador le anima a que lo haga.

EL FRACASO Y LA MUERTE DE CALÍGULA

Quereas presiona a Escipión para que se una a la conspiración contra el emperador, pero el poeta no responde a tales presiones, pues afirma que «la misma llama [les] quema [...] el corazón» (Camus 1994, acto IV, escena I). Poco después, los patricios avisan a Quereas de que han descubierto la conjuración. Quereas les anima a ser valientes, aunque piensa que es efectivamente demasiado tarde para acabar con Calígula. Ordena a los patricios que esperen un poco más y se va a buscar aliados lo más rápido posible.

Helicón invita a Quereas a una pequeña reunión amistosa organizada por Calígula, que llega disfrazado de bailarina y después desaparece. Seguidamente llega Cesonia, que les pregunta si han disfrutado del baile de Calígula. Todos asienten.

Llegan otros patricios a petición de Calígula. Desean que el emperador esté enfermo, y Cesonia anuncia que, en efecto, Calígula se encuentra mal. Los patricios se entristecen hipócritamente y uno de ellos, Casio, afirma que daría su vida por el emperador. Éste irrumpe inesperadamente y se toma sus palabras al pie de la letra. Se llevan a Casio.

Cesonia anuncia la muerte de Calígula a Quereas y a un patricio. Quereas lo lamenta, pero Calígula aparece, y luego se vuelve a marchar. Cesonia desmiente entonces que Calígula hubiera estado enfermo, y anuncia que el emperador ha convocado a todos los poetas para que participen en una composición improvisada sobre un tema determinado.

El concurso de poesía, cuyo tema es la muerte, acaba con todos los poetas expulsados, todos excepto Escipión, pero Calígula se aparta de él y le echa. Constata que todos los poetas están en su contra, y que por tanto «es el fin» (Camus 1994, acto IV, escena XII). Quereas le dice a un patricio que el momento ha llegado.

Calígula y Cesonia hablan. Calígula le dice que ha alcanzado la felicidad en «el universal desprecio» y en la «lógica implacable que tritura vidas humanas» (Camus 1994, acto IV, escena XIII), y estrangula a Cesonia. Se da cuenta entonces del fracaso de su búsqueda de lo imposible. Después, los conspiradores entran y apuñalan a Helicón antes de asesinar a Calígula, que muere gritando «¡Todavía estoy vivo!» (Camus 1994, acto IV, escena XIII).

ESTUDIO DE LOS PERSONAJES

CALÍGULA

Al comienzo de la obra, Calígula tiene 26 años. Los demás personajes describen al emperador antes de su metamorfosis como un hombre deseoso de encarnar su función con dignidad. Según Quereas, que le ve con una ligera condescendencia, «[e]l emperador era perfecto» (Camus 1994, acto I, escena I). Otro patricio añade: «[...] escrupuloso e inexperto» (ibídem). Llevado a la indulgencia derivada de su amistad con el emperador, Escipión padre le describe de forma más positiva: Calígula «me decía que la vida no es fácil, pero que están la religión, el arte, el amor que inspiramos. Repetía a menudo que hacer sufrir es la única manera de equivocarse. Quería ser un hombre justo» (Camus 1994, acto I, escena VI). En cuanto a Helicón, al que su difícil existencia le ha dotado de una gran lucidez, ve en él a «un idealista» (Camus 1994, acto I, escena V).

De hecho, la muerte de su amante Drusila le lleva a descubrir que el mundo es insoportable: «Los hombres mueren y no son felices» (Camus 1994, acto I, escena IV). De esta forma, va a intentar darle «oportunidades a lo imposible. Hoy, y en los tiempos venideros, mi libertad no tendrá ya fronteras» (Camus 1994, acto I, escena IX). Se aleja por tanto de toda norma y toma «el rostro estúpido e incomprensible de los dioses» (Camus 1994, acto III, escena II). Se muestra cruel, inmoral e insensible al dolor humano, con el objetivo de librar a los hombres de la ilusión en la que se hallan sumidos. « [...] Soy el único artista que Roma haya conocido [...] que ponga de acuerdo su pensamiento con sus actos» (Camus 1994, acto IV, escena XII), declara.

Sin embargo, tres años más tarde, comprueba que, ciertamente, ahora es «más libre que hace años, libre del recuerdo y de la ilusión» (Camus 1994, acto IV, escena XIII), pero también que ha fracasado. No solo no han abandonado los hombres sus prejuicios, sino que siente «la misma cobardía en el alma» (Camus 1994, acto IV, escena XIII). Atado a una visión del mundo percibido como absurdo, toma consciencia de su fracaso – «no tomé el camino verdadero, no llego a nada» (Camus 1994, acto IV, escena XIV), lo que le lleva a entregarse a la muerte sin oponer resistencia y a ver en ella, incluso, la última oportunidad de vivir.

LOS FIELES: CESONIA, HELICÓN

- Cesonia se presenta a sí misma como «la vieja querida» (Camus 1994, acto I, escena VI) y repetirá, al final de la obra, que es «vieja y ya casi fea» (Camus 1994, acto IV, escena XIII). Profundamente inquieta tras la desaparición de Calígula, le acoge a su regreso tal y como es, y acepta ayudarlo, después de haberse esforzado por comprenderlo. El amor que siente hacia él es completamente puro, y no exige la mínima muestra de reciprocidad: «[...] la preocupación que siento por ti me ha dejado el alma de tal modo que ya no importa que no me ames» (Camus 1994, acto IV, escena XIII). Calígula declara que su amor por Drusila no habría resistido la vejez, y la decrepitud de Cesonia le reafirma en su posición, aun si no puede «evitar sentir cierta ternura vergonzosa por la vieja que [será]» (Camus 1994, acto IV, escena XIII). Esta reacción permite abandonar la idea de que Calígula actúa por desesperación amorosa. Al final de la obra, asesina a Cesonia para consolidar por última vez su credo: «Vivo, mato, ejerzo el poder delirante del destructor, comparado con el cual el del creador parece una parodia. Eso es ser feliz» (Camus 1994, acto IV, escena XIII). Una amarga forma de reafirmar su libertad.

- Helicón es el fiel criado de Calígula. «Nacido esclavo» (Camus 1994, acto IV, escena VI), fue emancipado por Calígula. A diferencia de los patricios, Helicón ha conocido una vida difícil y no se hace ilusiones sobre la existencia. Encarna a la vez el odio de los pobres hacia los adinerados y la lealtad de las clases bajas hacia los déspotas que les oprimen. Le dice a Quereas que «aún puede querer a este amo miserable, al que defenderá de [sus] mentiras, de [sus] bocas perjuras» (Camus 1994, acto IV, escena VI).

LOS ENEMIGOS: QUEREAS, ESCIPIÓN

- Quereas representa la figura del intelectual, aliado con los patricios debido al peligro que presenta Calígula contra su visión del mundo, pero a la vez por encima de estos, puesto que ellos ven las cosas limitadas por sus intereses personales. Desea más que nada «que [le dejen] tranquilo con [sus] libros» (Camus 1994, acto I, escena II). Este hecho despierta un cierto rechazo en los demás, que ven cómo se siente innegablemente superior. Antes de su transformación, Calígula le parecía perfecto porque era «inexperto» (Camus 1994, acto I, escena I), dicho de otra forma, manipulable. Quereas afirma que aprecia a los emperadores que tienen «el buen gusto de limitarse a ser funcionarios» (Camus 1994, acto I, escena II). Con su nueva visión de la realidad, Calígula le priva desde ese momento de su distinguida posición. Quereas disfraza su deseo de asesinar al emperador de pretexto filosófico – de lo que se trata es de «recobrar la paz en un mundo de nuevo coherente» (Camus 1994, acto II, escena II), que apenas se equivoca: «Eres muy astuto, Quereas. Tan falso como un hombre honrado. Pero verdaderamente astuto» (Camus 1994, acto IV, escena VI), le dice Escipión.

- Escipión se desdobla en dos. En el primer acto observamos al padre, que aprecia al Calígula del principio, tanto por sus valores (la religión, el arte, el amor), como por sus acciones. «Lo quiero. Era bueno conmigo» (Camus 1994, acto I, escena VI), afirma. Siendo la amistad apenas una ilusión, según el nuevo Calígula, Escipión padre es asesinado, y es su hijo el que aparece a partir del segundo acto, un hijo lleno de odio y deseoso de acabar con Calígula. «Lo mejor de mí mismo es el odio» (Camus 1994, acto II, escena XII). Sin embargo, su enfrentamiento con el emperador no logra el efecto esperado. El joven Escipión, enamorado de la poesía, descubre en Calígula la misma sed de absolutismo que él mismo posee: «nos gustan las mismas verdades» (Camus 1994, acto II, escena XIV), le dirá Calígula antes de añadir: «eres puro en el bien, así como yo soy puro en el mal» (Camus 1994, acto II, escena XIV). Además, el joven Escipión acabará entendiendo la desesperada lógica del emperador, que se sorprenderá de que un ser tan joven como él conozca «las verdaderas lecciones de la muerte» (Camus 1994, acto IV, escena XII).

Será esto lo que le impida participar en el asesinato de Calígula.

LOS PATRICIOS

Son las principales víctimas del emperador. En la primera escena del segundo acto, emplean una serie de calificativos para describir al emperador que, irónicamente, les describen también a ellos mismos: «cobarde», «cínico», «comediante», «impotente» (Camus 1994, acto II, escena I). De hecho, son seres temerosos que desean conservar la placidez de su existencia, sin detenerse a pensar sobre las implicaciones y las mentiras que ello conlleva. Poseen, según Helicón, «el olor insípido de los que nunca han sufrido ni arriesgado nada» (Camus 1994, acto IV, escena VI), y disimulan su egoísmo y cobardía tras honrados pretextos. «Vais a morir en el espanto sin tan siquiera saber que os habéis pasado toda la vida mintiendo» (Camus 1994, acto IV, escena VI).

CLAVES DE LECTURA

UNA OBRA DEL ABSURDO

Calígula forma parte del ciclo del absurdo, publicado por Camus entre 1942 y 1944, y formado por *El mito de Sísifo, El extranjero* y *El malentendido*. El absurdo es, sobre todo, un sentimiento que azota al hombre cuando se da cuenta de que la existencia no es más que la repetición maquinal de actos desprovistos de todo sentido. El hombre siente así un cansancio teñido de indignación. La certitud de la muerte esperando al borde del camino no hace más que intensificar, según Camus, el sentimiento de que nuestra existencia es inútil.

Es precisamente a este sentimiento de lo absurdo al que se enfrenta el protagonista de la obra. La muerte de su hermana y amante le revela que «los hombres mueren y no son felices» (Camus 1994, acto I, escena IV), y la naturalidad con la que más tarde asesinará a los patricios resulta de esta conclusión inicial: pase lo que pase, los hombres no son, por esencia, más que «condenados a muerte [...] condenados de antemano» (Camus 1994, acto I, escena XI). Lejos de otorgarle más valor a la existencia humana, esta constatación le despoja de toda esencia.

Calígula siente una insoportable angustia: «[...] ver cómo desaparece el sentido de esta vida, la razón de nuestra existencia es insoportable. No se puede vivir sin una razón» (Camus 1994, acto II, escena II). Experimenta por todo ello la voluntad de rebelarse contra el mundo, siempre consciente de que esto no le otorgará sentido a su existencia, puesto que «los vivos no bastan para poblar el universo y alejar el tedio» (Camus 1994, acto IV, escena XIII).

Si la prueba del fracaso de Calígula al final de la obra – «no he tomado el camino verdadero, no llego a nada» (Camus 1994, acto IV, escena XIV)– no hace más que confirmar la idea de que se trata de una revuelta desesperada, parece que también anticipa una evolución en el pensamiento de Camus: al cometer actos que perjudican a la humanidad, Calígula transgrede uno de los principios que, según el escritor, debe limitar la conducta humana: que el hombre es su propio y único fin. Dicho de otra forma, que sus actos no deben ser nocivos para la humanidad. Este nuevo humanismo se verá claramente reflejado en *Los justos* (1950) o en *El hombre rebelde* (1951).

LA EXPERIENCIA DE LA LIBERTAD

El sentimiento del absurdo le confiere a Calígula una nueva libertad, puesto que ahora sabe que su situación es desesperada. De hecho, a partir de ese momento el personaje es consciente de que todos los valores que le habían guiado hasta entonces no eran más que prejuicios. «[...] libre del recuerdo y de la ilusión» (Camus 1994, acto IV, escena XIII) y fortalecido por el poder que posee, va a «da[r] oportunidades a lo imposible» (Camus 1994, acto I, escena IX). Calígula proclama que «[su] libertad no tendrá ya fronteras» (Camus 1994, acto I, escena IX), pero tal declaración suena más a una advertencia, pues «con [la libertad] empieza una gran prueba» (Camus 1994, acto I, escena X).

De hecho, los romanos colmarán de crueldad la experiencia de libertad de Calígula, quien al final «no [tiene] tantos modos de probar que [es] libre. Siempre se es libre a expensas de alguien» (Camus 1994, acto II, escena IX). El emperador, que hace coincidir su libertad con una total ausencia de prohibiciones, y que se deja guiar por la «lógica implacable que tritura vidas humanas» (Camus 1994, acto IV, escena XIII), se autoriza a cometer asesinatos arbitrarios. Sin embargo, según Camus, la libertad debería ser ejercida con unos límites, siempre conciliada con la exigencia de la justicia. Calígula constata además, al final de la obra, que «[su] libertad no es la buena» (Camus 1994, acto IV, escena XIV) y acepta pagar el precio de sus actos.

EL REINO DE LA ILUSIÓN

«Todo a mi alrededor es mentira» (Camus 1994, acto I, escena V), afirma Calígula cuando abre los ojos. De hecho, los diversos personajes de la obra encarnan las diferentes y más corrientes ilusiones del ser humano:

* el amor: Drusila;
* la fidelidad: Cesonia, Helicón;
* la amistad: Escipión padre;
* la literatura que «da importancia a los seres y a las cosas» (Camus 1994, acto I, escena X): Quereas;
* el arte, y la engañosa imagen del mundo que apoya: el joven Escipión hijo;
* los valores burgueses («moral», «familia», «respeto al trabajo», «patria», «virtud», etc. acto II, escena II): los patricios.

Con el cinismo que lo caracteriza, Quereas explica el reino de la ilusión a través de la incapacidad de los hombres para afrontar la temible libertad que confiere el sentimiento del absurdo: «La mayoría de los hombres son como yo, incapaces de vivir en un universo donde el pensamiento más descabellado puede en un segundo entrar en la realidad» (Camus 1994, acto III, escena VI).

PISTAS PARA LA REFLEXIÓN

ALGUNAS PREGUNTAS PARA PROFUNDIZAR EN SU REFLEXIÓN...

- Según usted, ¿por qué el proyecto de Calígula puede calificarse como absurdo?
- Cuando Calígula le pide a Helicón ayuda para bajar la luna, ¿en realidad a qué está haciendo alusión?
- Calígula le dice al joven Escipión que «[les] gustan las mismas verdades» (Camus 1994, acto II, escena XIV). ¿Por qué podemos considerar a estos dos personajes dos facetas de una misma actitud ante la vida?
- ¿A qué se refiere Calígula cuando le reprocha al joven Escipión que a su poesía «le falta sangre» (Camus 1994, acto II, escena XIII)?
- Según usted, ¿por qué Calígula estrangula a Cesonia al final de la obra?
- ¿Considera que el personaje de Quereas forma parte del grupo de los patricios, como cree Helicón, o considera que se distingue de ellos, tal y como el propio Quereas cree?
- ¿Cómo se imagina el espacio escénico de la obra? Justifique sus propuestas.
- A través de la obra, Camus esboza el funcionamiento de una sociedad totalitaria. Intente descubrir las pistas que nos llevan a tal afirmación.
- En *Calígula*, ¿qué rasgos nos llevan a hablar de teatro intelectual? Según usted, ¿se trata de una cualidad o de un defecto?

¡Su opinión nos interesa!
¡Deje un comentario en la página web de su librería en línea,
y comparta sus favoritos en las redes sociales!

PARA IR MÁS ALLÁ

EDICIÓN DE REFERENCIA

- Camus, Albert. 1994. *Calígula*. Traducido por Aurora Bernárdez. Madrid: Alianza Editorial.

ResumenExpress.com